Recetas de cocina con seitán

Recetas fáciles y sabrosas de seitán sin carne, ricas en proteínas y bajas en calorías para perder peso y sentirse bien

Jenny Kern

Copyright 2021 - Todos los derechos reservados.

El contenido de este libro no puede ser reproducido, duplicado o transmitido sin la autorización directa por escrito del autor o del editor.

Bajo ninguna circunstancia se podrá culpar o responsabilizar legalmente al editor, o al autor, por cualquier daño, reparación o pérdida monetaria debida a la información contenida en este libro. Ya sea directa o indirectamente.

Aviso legal:

Este libro está protegido por derechos de autor. Este libro es sólo para uso personal. No se puede modificar, distribuir, vender, utilizar, citar o parafrasear ninguna parte, ni el contenido de este libro, sin el consentimiento del autor o del editor.

Aviso de exención de responsabilidad:

Tenga en cuenta que la información contenida en este documento es sólo para fines educativos y de entretenimiento. Se ha hecho todo lo posible por presentar una información precisa, actualizada, fiable y completa. No se declaran ni se implican garantías de ningún tipo. Los lectores reconocen que el autor no se dedica a prestar asesoramiento legal, financiero, médico o profesional. El contenido de este libro procede de diversas fuentes. Por favor, consulte a un profesional con licencia antes de intentar cualquier técnica descrita en este libro.

Al leer este documento, el lector acepta que, bajo ninguna circunstancia, el autor es responsable de cualquier pérdida, directa o indirecta, en la que se incurra como resultado del uso de la información contenida en este documento, incluyendo, pero sin limitarse a, errores, omisiones o inexactitudes.

Índice de contenidos

Introducción 10

Recetas para el desayuno 12

1. Pan de apio saludable 12
2. Tortas de seitán con puré de brócoli 14
3. Panini de seitán al pesto de albahaca 16
4. Coliflor gratinada con seitán 18
5. Seitán caliente con arroz 20
6. Seitán salteado con semillas de sésamo 22
7. Chili de seitán y lentejas 24
8. Suntuosa tarta de limón y arándanos 26
9. Pastel celestial de chocolate y mantequilla de cacahuete 28
10. Bolas de pimiento y seitán 30

Ensalada de seitán y espinacas a la putanesca 32

Recetas para picar y morder 34

11. Hamburguesas italianas de seitán a la marinera 34
12. Hamburguesas italianas de bruschetta 36
13. Hamburguesas de seitán a la barbacoa 38
14. Hamburguesas de pollo de seitán 40
15. Hamburguesas de Queso Seitán 42
16. Cassoeula 44
17. Tacos de tilapia 45

Recetas para el almuerzo 48
18. Seitán fácil para dos 48
19. Seitán con guisantes 50
20. Seitán con crema de champiñones 52
21. Seitán con salsa de setas secas 53
22. Seitán mediterráneo 54
Recetas de sopas y guisos 57
23. Sopa de papel de estante 57
24. Sopa de carne asada 59
25. Guiso de seitán con guisantes y polenta 60
Recetas para la cena 63
26. Zighinì 63
27. Filete de seitán marinado exótico 65
28. Gyros de seitán y cebolla 67
29. Goulash africano con garbanzos y seitán 69
30. Chips de seitán con puré de alcachofas de Jerusalén 72
31. Hamburguesa de seitán 74
32. Seitán con salsa de brandy de manzana 77
33. Seitán de aceitunas de Kalamata 79
34. Guiso de seitán con cebada 80
35. Bolas de pimiento de seitán 82
Recetas para ocasiones especiales 85

36. Seitán con salsa de manzana verde 85
37. Seitan y salteado de brócoli y shiitake 87
38. Brochetas de Seitan con Peaches y Herbs 89
39. Brochetas de Seitan y Vegetable a la parrilla . 91
40. Hamburguesas TVP Teriyaki 93
41. Hamburguesas de cebolla francesa TVP 95
42. Hamburguesas vegetarianas de judías negras 97
43. Hamburguesas de frijoles negros de taco 99
44. Hamburguesas de espinacas y garbanzos ... 101
45. Hamburguesas de garbanzos y arroz integral 103

Recetas de acompañamiento 104

46. Pilaf de espinacas y setas con cúrcuma y quinoa 104
47. Envolturas de seitán 106

Salsas, salsas y glaseados 108

48. Nuggets de seitán con salsa de chile dulce .. 108
49. Seitán con salsa de tomatillo 110

Conclusión 112

Introducción

Muchas gracias por adquirir este libro de cocina. El nombre Seitán evoca sabores y países lejanos, tanto que su origen se pierde entre los monjes budistas chinos, hace siglos, y siempre ha representado una de las piedras angulares de la cocina oriental.

Obtenido a partir de harina de trigo, enjuagada y amasada hasta que sólo queda el gluten, luego hervida en agua aromatizada y aromatizada de diferentes maneras, el seitán es un alimento agradable y de sabor delicado, conocido por todos nosotros, los vegetarianos, porque se presta a innumerables usos y su versatilidad lo convierte en el ingrediente principal de una cocina sana y sin crueldad. A menudo la gente reacciona con desconfianza ante su exótico nombre, esperando quién sabe qué extraño brebaje, ¡es sólo un equívoco! Espero que las recetas que voy a proponerles sean de su agrado.

Disfrute de su comida.

Recetas para el desayuno

1. Pan de apio saludable

Tiempo de preparación: 2 horas 40 minutos

Tiempo de cocción: 50 minutos

Porciones: 1 pan

Ingredientes:

1 lata (10 onzas) de crema de apio

3 cucharadas de leche descremada, calentada

1 cucharada de aceite vegetal

1¼ cucharadita de sal de apio

¾ de taza de apio, fresco y cortado en rodajas finas

1 cucharada de hojas de apio frescas picadas

1 huevo entero

¼ de cucharadita de azúcar

3 tazas de harina de pan

¼ de cucharadita de jengibre

½ taza de avena de cocción rápida

2 cucharadas de gluten

2 cucharaditas de semillas de apio

1 paquete de levadura seca activa

Direcciones:
1. Añada todos los ingredientes a su máquina de pan, siguiendo cuidadosamente las instrucciones del fabricante.
2. Ajuste el programa de su máquina de pan a Básico/Pan Blanco y ajuste el tipo de corteza a Medio.
3. Pulse START y espere hasta que el ciclo se complete.
4. Una vez que el pan esté listo, saque la cubeta y deje que el pan se enfríe durante 5 minutos.
5. Agitar suavemente el cubo para sacar el pan.
6. Pasar a una rejilla para enfriar, cortar en rodajas y servir. Que lo disfruten!

2. Tortas de seitán con puré de brócoli

Tiempo de preparación: 10 minutos

Tiempo de cocción: 20 minutos

Porciones: 4

Ingredientes:

1 cucharada de semillas de lino en polvo

1 ½ lb. de seitán desmenuzado

½ cebolla blanca

2 oz de aceite de oliva

1 libra de brócoli

5 oz de mantequilla vegetal fría

2 oz de parmesano vegetal rallado

4 oz de mantequilla vegetal, a temperatura ambiente

2 cucharadas de zumo de limón

Direcciones:

1. Precalentar el horno a 220 F. En un bol, mezclar el polvo de semillas de lino con 3 cucharadas de agua y dejar que se espese durante 5 minutos.
2. Cuando el "huevo de lino" vegano esté listo, añada el seitán desmenuzado, la cebolla blanca, la sal y la pimienta.
3. Mezclar y moldear de 6 a 8 pasteles de la mezcla.

4. Derretir la mantequilla vegetal en una sartén y freír las hamburguesas por ambos lados hasta que se doren. Retirarlas a una rejilla para que se enfríen un poco.
5. Vierta agua con sal en una olla, llévela a ebullición y añada el brócoli. Cocine hasta que el brócoli esté tierno pero no demasiado blando. Escurra y páselo a un bol.
6. Añade la mantequilla vegetal fría, el parmesano vegetal, la sal y la pimienta.
7. Haga un puré con los ingredientes hasta que estén suaves y cremosos. Reservar.
8. Mezcle la mantequilla vegetal blanda con el zumo de limón, la sal y la pimienta en un bol.
9. Servir los pasteles de seitán con el puré de brócoli y la mantequilla de limón.

3. Panini de seitán al pesto de albahaca

Tiempo de preparación: 10 minutos

Tiempo de cocción: 20 minutos

Porciones: 4

Ingredientes:

Para el seitán:

⅔ taza de pesto de albahaca

½ limón, exprimido

1 diente de ajo picado

⅛ cucharadita de sal

1 taza de seitán picado

Para el Panini:

3 cucharadas de pesto de albahaca

8 rebanadas gruesas de chapata integral

Aceite de oliva para cepillar

8 rebanadas de mozzarella vegetal

1 pimiento amarillo picado

¼ de taza de queso parmesano vegetal rallado

Direcciones:

1. En un bol mediano, mezclar el pesto, el zumo de limón, el ajo y la sal. Añadir el seitán y cubrirlo bien con la marinada. Cúbralo con papel de plástico y déjelo marinar en el frigorífico durante 30 minutos.
2. Precalentar una sartén grande a fuego medio y sacar el seitán de la nevera. Cocinar el seitán en la sartén hasta que se dore y esté bien cocido, 2-3 minutos. Apagar el fuego.
3. Precaliente una prensa para paninis a fuego medio.
4. En un bol pequeño, mezcle el pesto en las partes interiores de dos rebanadas de pan. En las partes exteriores, aplique un poco de aceite de oliva y coloque una rebanada con (el lado del aceite de oliva hacia abajo) en la prensa.
5. Coloca 2 rebanadas de queso mozzarella vegetal sobre el pan, pon un poco de seitán encima. Espolvorea con un poco de pimiento y un poco de queso parmesano vegetal. Cubre con otra rebanada de pan.
6. Cierre la prensa y gratine el pan durante 1 o 2 minutos. Dale la vuelta al pan y sigue gratinando durante 1 minuto o hasta que el queso se derrita y se dore por ambos lados. Sirva caliente.

4. Coliflor gratinada con seitán

Tiempo de preparación: 10 minutos

Tiempo de cocción: 20 minutos

Porciones: 4

Ingredientes:

2 oz de mantequilla vegetal

1 puerro, picado grueso

1 cebolla blanca, picada en trozos grandes

2 tazas de ramilletes de brócoli

1 taza de floretes de coliflor

2 tazas de seitán desmenuzado

1 taza de crema de coco

2 cucharadas de mostaza en polvo

5 oz de parmesano vegetal rallado

4 cucharadas de romero fresco

1 cucharadita Sal y pimienta negra al gusto

Direcciones:

1. Precalentar el horno a 450°F.
2. Derrite la mitad de la mantequilla vegetal en una olla a fuego medio. Añade el puerro, la cebolla blanca, el brócoli y la coliflor, y cocina durante unos 6 minutos. Pasa las verduras a una fuente de horno.
3. Derretir la mantequilla restante en una sartén a fuego medio y cocinar el seitán hasta que se dore.
4. Mezclar la crema de coco y la mostaza en polvo en un bol. Vierta la mezcla sobre las verduras.
5. Esparcir el seitán y el queso parmesano vegetal por encima y espolvorear con romero, sal y pimienta.
6. Hornear durante 15 minutos. Retirar para que se enfríe unos minutos y servir.

5. Seitán caliente con arroz

Tiempo de preparación: 10 minutos

Tiempo de cocción: 20 minutos

Porciones: 4

Ingredientes:

2 cucharadas de aceite de oliva

1 libra de seitán, cortado en cubos

Sal y pimienta negra al gusto

1 cucharadita de chile en polvo

1 cucharadita de cebolla en polvo

1 cucharadita de comino en polvo

1 cucharadita de ajo en polvo

1 cebolla amarilla picada

2 tallos de apio picados

2 zanahorias cortadas en dados

4-5 dientes de ajo

1 taza de caldo de verduras

1 cucharadita de orégano

1 taza de tomates picados

3 chiles verdes picados

1 lima, exprimida

1 taza de arroz integral

Direcciones:

1. Añade el arroz integral, 2 tazas de agua y sal a una olla. Cocer durante 15-20 minutos.
2. Calentar el aceite de oliva en una olla grande, sazonar el seitán con sal, pimienta negra y cocinar en el aceite hasta que se dore, 10 minutos.
3. Incorpore el chile en polvo, la cebolla en polvo, el comino en polvo y el ajo en polvo, y cocine hasta que estén fragantes, 1 minuto.
4. Mezcle la cebolla, el apio, las zanahorias y el ajo, y cocine hasta que se ablanden. Vierta el caldo de verduras, 1 taza de agua, el orégano, los tomates y los chiles verdes.
5. Tapar la olla y cocinar hasta que los tomates se ablanden y el líquido se reduzca a la mitad, de 10 a 15 minutos.
6. Abrir la tapa, ajustar el sabor con sal, pimienta negra y mezclar con el zumo de lima. Emplatar y servir caliente con arroz integral.

6. Seitán salteado con semillas de sésamo

Tiempo de preparación: 10 minutos

Tiempo de cocción: 20 minutos

Porciones: 4

Ingredientes:

4 cucharaditas de aceite de oliva

½ cucharadita de jengibre fresco rallado

3 dientes de ajo picados

⅓ cucharadita de copos de chile rojo

⅓ cucharadita de pimienta de Jamaica

½ taza de salsa de soja

½ taza + 2 cucharadas de azúcar puro de dátiles

2 cucharaditas de maicena

1 ½ cucharadas de aceite de oliva

1 libra de seitán, cortado en trozos de 1 pulgada

1 cucharada de semillas de sésamo tostadas

1 cucharada de cebolletas cortadas

Direcciones:

1. Caliente la mitad del aceite de oliva en un wok y saltee el jengibre y el ajo hasta que estén fragantes, 30 segundos.

2. Mezcle los copos de chile rojo, la pimienta de Jamaica, la salsa de soja y el azúcar de dátiles. Dejar que el azúcar se derrita y reservar.
3. En un bol pequeño, mezclar la maicena y 2 cucharadas de agua. Incorpore la mezcla de maicena a la salsa y deje que espese durante 1 minuto.
4. Calentar el aceite de oliva restante en una sartén mediana a fuego medio y freír el seitán por ambos lados hasta que esté crujiente, 10 minutos.
5. Mezclar el seitán con la salsa y calentar a fuego lento. Emplatar, adornar con semillas de sésamo y cebolletas. Servir caliente.

7. Chili de seitán y lentejas

Tiempo de preparación: 10 minutos

Tiempo de cocción: 20 minutos

Porciones: 4

Ingredientes:

2 cucharadas de aceite de oliva

1 cebolla picada

8 oz de seitán, picado

1 taza de lentejas

1 lata (14,5 onzas) de tomates picados

1 cucharada de salsa de soja

1 cucharada de chile en polvo

1 cucharadita de comino molido

1 cucharadita de pimienta de Jamaica molida

½ cucharadita de orégano molido

¼ cucharadita de cayena molida

1 cucharadita Sal y pimienta negra al gusto

Direcciones:

1. Calentar el aceite en una olla a fuego medio. Poner la cebolla y el seitán y cocinar durante 10 minutos.
2. Añade las lentejas, los tomates cortados en dados, 2 tazas de agua, la salsa de soja, el chile en polvo, el comino, la pimienta de Jamaica, el azúcar, el orégano, la pimienta de cayena, la sal y la pimienta.
3. Llevar a ebullición, luego bajar el fuego y cocinar a fuego lento durante 20 minutos.

8. Suntuosa tarta de limón y arándanos

Tiempo de preparación: 10 minutos

Tiempo de cocción: 20 minutos

Porciones: 4

Ingredientes:

¼ de taza de arándanos frescos

½ taza de harina integral de repostería

1 cucharadita de semillas de lino molidas

¼ cucharadita de estevia

¼ cucharadita de levadura en polvo

½ cucharadita de ralladura de limón

1 cucharadita de jarabe de arce

¼ cucharadita de extracto de vainilla, sin azúcar

¼ cucharadita de extracto de limón

1 cucharadita de aceite de oliva

2 cucharaditas de agua, calentada

⅓ taza de leche de almendras, sin endulzar

Direcciones:

1. En un bol pequeño, remueva las semillas de lino y déjelas reposar durante 10 minutos.
2. Mientras tanto, engrasa una olla de cocción lenta de 6 cuartos con un spray antiadherente para cocinar y luego forra con una hoja de pergamino.
3. En un tazón grande coloque la harina y mezcle la stevia y el polvo para hornear.
4. En otro bol, mezcle el resto de los ingredientes junto con la mezcla de semillas de lino hasta que se combinen y luego añada gradualmente la mezcla de harina preparada hasta que se incorpore.
5. Vierta esta masa en la olla de cocción lenta preparada y alise la parte superior con una espátula.
6. Cubre con la parte superior envuelta con una toalla de papel y enchufa la olla de cocción lenta.
7. Ajuste el tiempo de cocción a 1 hora y 20 minutos y deje que se cocine a fuego alto o hasta que al insertar una brocheta de madera en el centro del pastel ésta salga limpia.
8. Sacar el pastel con una hoja de pergamino y dejarlo enfriar en una rejilla.
9. Cortar para servir.

9. Tarta de chocolate y mantequilla de cacahuete celestial

Tiempo de preparación: 10 minutos

Tiempo de cocción: 20 minutos

Porciones: 4

Ingredientes:

1 taza de harina común, nivelada

¼ de taza de y 3 cucharadas de cacao en polvo, sin azúcar

1 ½ cucharadita de levadura en polvo

1 ¼ de taza de azúcar moreno, dividido

1 cucharadita de extracto de vainilla, sin azúcar

½ taza de mantequilla de cacahuete

2 cucharadas de margarina vegana derretida

4 onzas líquidas de leche de soja

2 tazas de agua hirviendo

Direcciones:

1. Poner la harina en un bol grande, añadir la levadura en polvo, 3 cucharadas de cacao en polvo, junto con ½ taza de azúcar y remover bien.

2. Vierta la leche, la vainilla, la margarina y bata uniformemente.
3. Coge una olla de cocción lenta de 4 cuartos, engrásala con un spray antiadherente y añade la mezcla de harina preparada.
4. En un plato aparte, mezclar el resto del cacao en polvo y el azúcar.
5. Luego, en un recipiente aparte, coloque la mantequilla de maní y, con una batidora de inmersión, bátala con agua hasta que quede suave.
6. Incorpore la mezcla de cacao y azúcar correctamente y luego vierta esta mezcla en la olla de cocción lenta sobre la masa de harina.
7. Tapa la parte superior, enchufa la olla de cocción lenta; ajusta el tiempo de cocción a 2 horas y deja que se cocine a fuego alto o hasta que al insertar una brocheta de madera en el centro del pastel salga limpia.
8. Cuando esté hecho, saque el pastel, déjelo enfriar completamente sobre la rejilla y córtelo para servirlo.

10. Bolas de pimiento y seitán

Tiempo de preparación: 10 minutos

Tiempo de cocción: 20 minutos

Porciones: 4

Ingredientes:

1 cucharada de linaza en polvo

1 libra de seitán, desmenuzado

¼ de taza de pimientos mixtos picados

Sal y pimienta negra al gusto

1 cucharada de harina de almendra

1 cucharadita de ajo en polvo

1 cucharadita de cebolla en polvo

1 cucharadita de mayonesa de tofu

Aceite de oliva para cepillar

Direcciones:

1. Precalentar el horno a 400 F y forrar una bandeja para hornear con papel pergamino.

2. En un bol, mezclar el polvo de linaza con 3 cucharadas de agua y dejar que se espese durante 5 minutos.
3. Añade el seitán, los pimientos, la sal, la pimienta, la harina de almendras, el ajo en polvo, la cebolla en polvo y la mayonesa de tofu.
4. Mezclar y formar bolas de una pulgada con la mezcla.
5. Colóquelas en la bandeja de hornear, pincélelas con aceite en aerosol y métalas en el horno de 15 a 20 minutos o hasta que estén doradas y compactadas. Retirar del horno y servir.

Ensalada de seitán y espinacas a la putanesca

Tiempo de preparación: 10 minutos

Tiempo de cocción: 20 minutos

Porciones: 4

Ingredientes:

4 cucharadas de aceite de oliva

8 oz de seitán, cortado en tiras

2 dientes de ajo picados

½ taza de aceitunas de Kalamata, cortadas por la mitad

½ taza de aceitunas verdes, cortadas por la mitad

2 cucharadas de alcaparras

3 tazas de espinacas tiernas, cortadas en tiras

1 ½ tazas de tomates cherry, cortados por la mitad

2 cucharadas de vinagre balsámico

2 cucharadas de hojas de albahaca fresca desmenuzadas

2 cucharadas de perejil fresco picado

1 taza de semillas de granada

Direcciones:

1. Calentar la mitad del aceite de oliva en una sartén a fuego medio.
2. Coloca el seitán y dóralo durante 5 minutos por todos los lados. Añadir el ajo y cocinar durante 30 segundos. Retirar a un bol y dejar enfriar.
3. Incorpore las aceitunas, las alcaparras, las espinacas y los tomates. Reservar.
4. En otro bol, bata el resto del aceite, el vinagre, la sal y la pimienta hasta que estén bien mezclados.
5. Vierta este aderezo sobre la ensalada de seitán y revuelva para cubrirla. Cubra con albahaca, perejil y semillas de granada. Servir.

Recetas para picar y morder

11. Hamburguesas italianas de seitán a la marinera

Tiempo de preparación: 10 minutos

Tiempo de cocción: 30 minutos

Porciones: 4

Ingredientes:

1 taza de caldo de verduras

2 cucharadas de aceite de oliva

1 ¼ tazas de gluten de trigo vital

½ taza de harina común

¼ de taza de levadura nutricional

1 cucharada de condimento italiano

¾ de taza de salsa marinara

6 rebanadas de queso mozzarella vegano

Direcciones:

1. Precaliente el horno a 375F. En un tazón pequeño, bata el caldo vegetal y el aceite de oliva.

2. En un bol grande, combinar el gluten de trigo vital, la harina, la levadura nutricional y el condimento italiano. Vierta la mezcla de caldo y amase la masa hasta que esté suave.
3. Dividir la masa en 6 trozos de igual tamaño y formar cada uno de ellos en hamburguesas. Colocar el seitán en una bandeja de horno y hornear durante 30-35 minutos.
4. Cubre la hamburguesa con 1 rebanada de queso vegano y 2 cucharadas de salsa marinara.

12. Hamburguesas italianas de bruschetta

Tiempo de preparación: 10 minutos

Tiempo de cocción: 30 minutos

Porciones: 4

Ingredientes:

1 taza de caldo de verduras

2 cucharadas de aceite de oliva

1 ¼ tazas de gluten de trigo vital

½ taza de harina común

¼ de taza de levadura nutricional

1 cucharada de condimento italiano

6 rebanadas de queso mozzarella vegano

1 tomate grande, cortado en dados

2 cucharadas de albahaca fresca picada

1 cucharada de vinagre balsámico

Direcciones:

1. Precaliente el horno a 375F. En un tazón pequeño, bata el caldo y el aceite de oliva.
2. En un bol grande, combinar el gluten de trigo vital, la harina, la levadura nutricional y el condimento.
3. Verter la mezcla de caldo y amasar la masa hasta que esté suave. Dividir la masa en 6 trozos de igual tamaño y aplanar cada uno en forma de hamburguesa. Colocar las hamburguesas en una bandeja de horno grande.
4. Hornear durante 30-35 minutos. Mezclar el tomate picado, la albahaca y el vinagre balsámico.
5. Colocar las hamburguesas en el fondo de un pan de hamburguesa, cubrir con una rebanada de queso vegano y 1 cucharada de la mezcla de bruschetta.

13. Hamburguesas de seitán a la barbacoa

Tiempo de preparación: 10 minutos

Tiempo de cocción: 30 minutos

Porciones: 4

Ingredientes:

1 taza de proteína vegetal texturizada

1 cucharada de salsa Worcestershire vegana

1 ¼ tazas de gluten de trigo vital

½ taza de harina de garbanzos

¼ de taza de levadura nutricional

1 cucharada de condimento de pollo Montreal

¼ de taza de salsa barbacoa

Direcciones:

1. Precaliente el horno a 375F. En un bol pequeño, bate el caldo de verduras y la salsa Worcestershire vegana.
2. En un bol grande, combinar el gluten de trigo vital, la harina de garbanzos, la levadura nutricional y el condimento para pollo.
3. Añadir la mezcla de caldo y la salsa barbacoa. Amasar la masa hasta que esté suave.
4. Dividir la masa en 6 trozos de igual tamaño, formar cada uno de ellos en hamburguesas y colocarlas en una bandeja de horno grande. Hornear durante 30-35 minutos.

14.   Hamburguesas de pollo de seitán

Tiempo de preparación: 10 minutos

Tiempo de cocción: 30 minutos

Porciones: 4

Ingredientes:

¾ de taza de caldo de verduras

¼ de taza de jugo de pepinillos

1 cucharada de salsa Worcestershire vegana

1 ¼ tazas de gluten de trigo vital

½ taza de harina de garbanzos

¼ de taza de levadura nutricional

1 cucharada de condimento de pollo Montreal

1 taza de pan rallado panko

¼ de taza de levadura nutricional

Direcciones:

1. Precaliente el horno a 375F. En un bol pequeño, bate el caldo de verduras, el jugo de pepinillos y la salsa Worcestershire vegana.

2. En un bol grande, mezclar el gluten de trigo vital, la harina de garbanzos, la levadura nutricional y el condimento.
3. Verter la mezcla de caldo y mezclar hasta que se forme una masa. Amasar la masa hasta que esté suave. Dividir la masa en 6 trozos de igual tamaño y formar cada uno de ellos en hamburguesas.
4. En un plato llano, bata el pan rallado y la levadura nutricional. Rebozar cada hamburguesa de seitán en la mezcla y colocarla en una bandeja de horno engrasada. Hornear durante 30-35 minutos, dándoles la vuelta a mitad de camino.

15. Hamburguesas de Queso Seitán

Tiempo de preparación: 10 minutos

Tiempo de cocción: 30 minutos

Porciones: 4

Ingredientes:

1 taza de caldo de verduras

2 cucharadas de aceite de oliva

1 ¼ tazas de gluten de trigo vital

½ taza de harina de garbanzos

¼ de taza de levadura nutricional

2 cucharaditas de condimento para tacos

3 cucharadas de mantequilla vegana

2 cucharadas de harina común

1 taza de leche de almendras sin azúcar

½ taza de levadura nutricional

½ cucharadita de sal

¼ de cucharadita de pimienta negra molida

⅔ taza de salsa

Direcciones:

1. Precaliente el horno a 375F. En un tazón pequeño, bata el caldo vegetal y el aceite de oliva. En un tazón grande, combine el gluten de trigo vital, la harina de garbanzos, la levadura nutricional y el condimento para tacos.
2. Verter la mezcla de caldo y mezclar hasta que se forme una masa. Amasar la masa hasta que esté suave. Dividir la masa en 6 trozos de igual tamaño y formar cada uno de ellos en hamburguesas. Colocar las hamburguesas en una bandeja de horno engrasada. Hornear durante 30-35 minutos, dándoles la vuelta a mitad de camino.
3. En una cacerola grande, derrite la mantequilla vegana a fuego medio, añade la harina y cocina durante un minuto para que se dore. Añade la leche de almendras, la levadura nutricional, la sal y la pimienta. Cocinar a fuego medio hasta que se espese.
4. Retira del fuego y añade la salsa. Cubra las hamburguesas con queso.

16. Cassoeula

Tiempo de preparación: 10 minutos

Tiempo de cocción: 30 minutos

Porciones: 4

Ingredientes:

400 gr de seitán,

500 gr de col de Saboya, una cebolla, 3 zanahorias, 3 costillas de apio,

3 cucharadas de aceite de oliva virgen extra, caldo de verduras (ver receta), sal, pimienta

Direcciones:

1. Pelar la col y quitarle el corazón. Cocerla durante una media hora. Picar la cebolla y dorarla en una sartén con aceite. Añade las zanahorias y el apio en rodajas.
2. Añadir el seitán cortado en trozos y enharinado, y dorar. Mientras se cocina, vierta el vino blanco, añada el tomate y luego el caldo, y cocine durante 10 minutos.

17. Tacos de tilapia

Tiempo de preparación: 10 minutos

Tiempo de cocción: 30 minutos

Porciones: 4

Ingredientes:

3 (4 onzas) filetes de tilapia, limpios

Sal marina, al gusto

Pimienta negra, al gusto

2 cucharadas de mantequilla

1 taza de col rallada

½ taza de cilantro picado

⅓ taza de menta picada

2 cucharadas de zumo de lima fresco

4 tortillas de harina, calientes

1 taza de salsa fresca (opcional)

Direcciones:

1. Sazona la tilapia con sal y pimienta. Calienta una sartén grande a fuego medio y derrite la mantequilla en ella.
2. Cocinar los filetes durante 2 minutos por lado. Retirar de la sartén y reservar. Picar el pescado antes de servirlo en trozos del tamaño de un bocado.
3. Mezcla el resto de los ingredientes en un bol. Calienta las tortillas y luego cubre con la mezcla de tilapia y col.

Recetas para el almuerzo

18.   Seitán fácil para dos

Tiempo de preparación: 10 minutos

Tiempo de cocción: 30 minutos

Porciones: 4

Ingredientes

½ cucharadita de pimienta negra recién molida

Una pizca de sal marina fina

2 (cada 4 onzas, o 113 g) chuletas de seitán de Kind-to- Cows

⅓ taza (80 ml) de caldo de verduras

1 cucharada (16 g) de pasta de tomate

1 cucharadita de vinagre balsámico

1 cucharadita de mostaza de Dijon

1 cucharadita de miso blanco

1 cucharada (15 ml) de aceite de sabor neutro a alta temperatura

2 cucharadas (20 g) de chalota picada

Direcciones:

1. Frote la pimienta y la sal de manera uniforme en las chuletas de seitán. Bata el caldo, la pasta de tomate, el vinagre, la mostaza y el miso en un bol pequeño.
2. Calentar el aceite a fuego medio-alto en una sartén grande. Poner las chuletas en la sartén y cocinarlas de 3 a 5 minutos, hasta que se doren.
3. Dar la vuelta y cocinar el segundo lado durante 3 o 4 minutos hasta que también se dore. Retira las chuletas y resérvalas. Reduzca el fuego a medio-bajo. Añade las chalotas. Cocinar y remover durante 2 o 3 minutos, hasta que se ablanden.
4. Tenga cuidado de no quemarlas. Raspe los trozos pegados a la sartén. Vierta la mezcla de caldo en la sartén. Llevar a fuego lento y remover durante 3 o 4 minutos.
5. Volver a poner las chuletas en la sartén y darles la vuelta para cubrirlas. Cocinar a fuego lento durante 3 o 4 minutos para calentar las chuletas por completo. Vierta la salsa sobre las chuletas para servirlas.

19. Seitán con guisantes

Tiempo de preparación: 15 minutos

Tiempo de cocción: 50 minutos

Porciones: 4

Ingredientes:

500 g de seitán,

Una lata de guisantes medianos, un diente de ajo,

Una cebolla,

Pastilla de caldo de verduras,

Shoyu, kuzu, perejil

Direcciones:

1. Cocer los guisantes en una cacerola con abundante cebolla, un diente de ajo y una pastilla de caldo de verduras.
2. Cuando los guisantes estén casi cocidos, añade el seitán cortado en tiras y, si es necesario, una cucharada de kuzu, para que tenga mejor sabor.
3. Cocine durante diez minutos, luego agregue una cucharada de shoyu y sirva adornado con perejil.

20. Seitán con crema de champiñones

Tiempo de preparación: 15 minutos

Tiempo de cocción: 50 minutos

Porciones: 4

Ingredientes:

400 g de seitán,

2 dientes de ajo,

4 o 5 hojas de menta,

350 g de champiñones,

5 cucharadas de aceite de oliva virgen extra, 1 cucharada de shoyu,

Sal, 3 cucharadas de yogur de soja

Direcciones:

1. Triturar los ajos y ponerlos en una sartén con el aceite, calentándolos ligeramente sin que se doren, luego añadir los champiñones cortados en rodajas y cocinarlos durante unos 15 minutos.
2. Cortar el seitán en trozos pequeños y ponerlo en la sartén con la menta.
3. Cocer otros 10 minutos y sazonar con sal, shoyu y yogur de soja que, al confitarse, formará una delicada crema.

21. Seitán con salsa de setas secas

Tiempo de preparación: 15 minutos

Tiempo de cocción: 50 minutos

Porciones: 4

Ingredientes:

500 g de seitán a la parrilla,

Una bolsa de setas secas,

2 chalotas, 2 zanahorias,

Un tallo de apio, shoyu

2 cucharadas de Kuzu, aceite de oliva virgen extra

Direcciones:

1. Poner las setas en remojo en una taza de agua tibia para reanimarlas.
2. Cortar las chalotas, las zanahorias y el apio en rodajas finas y saltearlas en una sartén con 3 cucharadas de aceite de oliva virgen extra.
3. Cortar el seitán en rodajas, no demasiado finas, y añadirlo al sofrito. Cocinar durante cinco minutos para que el seitán coja sabor, removiendo de vez en cuando.
4. Exprime las setas remojadas y añádelas al seitán. Sazone al gusto con shoyu y deje que se cueza hasta que las setas estén blandas; añada su agua de remojo si es necesario para que no se peguen. Mientras tanto, en un vaso de agua fría, mezcle bien una cucharada rasa de kuzu.

5. Añadirlo al seitán con las setas para formar una salsa bastante espesa. Servir con polenta.

22. Seitán mediterráneo

Tiempo de preparación: 15 minutos

Tiempo de cocción: 50 minutos

Porciones: 4

Ingredientes:

400 gr de seitán,

300 gr de tomates pelados, un puerro,

2 cucharadas de pasta de aceitunas,

2 cucharaditas de jengibre fresco rallado,

3 cucharadas de almendras picadas, albahaca seca y aceite de oliva virgen extra

Direcciones:

1. Cortar el seitán en tiras. Saltear el puerro cortado en rodajas finas en una sartén con tres cucharadas de aceite a fuego lento durante 2-3 minutos. En ese momento, añade el jengibre, el tomate cortado en dados y la albahaca, remueve y saltea durante un minuto.
2. A continuación, se añade la pasta de aceitunas, las almendras picadas, el seitán con un poco de su agua de remojo, se tapa y se cuece otros 2-3 minutos.
3. Antes de servir, deje la sartén tapada durante otros 2 minutos.

Recetas de sopas y guisos

23. Sopa de papel de estantería

Tiempo de preparación: 15 minutos

Tiempo de cocción: 50 minutos

Porciones: 4

Ingredientes:

1 lata de alubias rojas

1 lata de tomates picados

4-5 tazas de agua (y/o caldo de seitán)

1 tira de kombu (opcional)

½ taza de cebolla picada

3-4 dientes de ajo picados

3 cucharadas de cebada cruda

¼ de taza de espaguetis u otro tipo de pasta, cortada en trozos pequeños

½ cubo de seitán o salami de seitán molido

Sobras de verduras - limpiar el frigorífico

1 cucharada de aceite de oliva

2 cucharadas Sal, pimienta y otros condimentos al gusto

Direcciones:

1. Ponga todos los ingredientes en una olla, llévelos a ebullición, redúzcalos y cueza a fuego lento durante una hora aproximadamente.

24. Sopa de carne asada

Tiempo de preparación: 15 minutos

Tiempo de cocción: 50 minutos

Porciones: 4

Ingredientes:

1-2 tazas de seitán, cortado en trozos del tamaño de un bocado (dórelo primero en un poco de aceite para darle más color y firmeza si lo desea)

4-5 patatas rojas, blancas o amarillas pequeñas cortadas en trozos (no es necesario pelarlas)

2-3 zanahorias medianas, cortadas en trozos del tamaño de un bocado

1 taza de cebolla picada

1-2 cucharadas de aceite de oliva

¼ de taza de salsa de soja o Bragg Liquid Aminos

¼ de taza de vino tinto

4-6 tazas de agua (o caldo de seitán o de verduras)

2 cucharadas de orégano, pimienta, albahaca, etc. Al gusto

Direcciones:

1. Poner todos los ingredientes en una olla grande. Añade agua o caldo si es necesario para cubrir todos los ingredientes.

2. Llevar a ebullición, reducir a fuego lento y cocinar durante unos 30 minutos o hasta que las verduras estén tiernas.
3. Acompañado de un poco de pan y una ensalada, es una comida en sí misma.

25. Estofado de seitán con guisantes y polenta

Tiempo de preparación: 15 minutos

Tiempo de cocción: 50 minutos

Porciones: 4

Ingredientes:

400 gr de seitán,

250 gr de polenta instantánea,

250 g de guisantes,

1 diente de ajo,

Caldo de verduras (ver receta),

4 cucharadas de aceite de oliva virgen extra,

Harina de espelta,

Tamari,

Sal y pimienta

Direcciones:

1. Escurrir el seitán y cortarlo en trozos, luego pasarlo por harina. Sofreír el ajo durante unos minutos y añadir el seitán; dorarlo y luego añadir un poco de caldo.
2. Deja que el caldo se seque y añade los guisantes y unas gotas de tamari para darle sabor. Cocer durante 5 minutos, apagar el fuego y dejar reposar. Mientras tanto, pon a hervir un litro de agua con un poco de sal.
3. Cuando hierva, vierta lentamente la polenta sin dejar de remover, siga removiendo durante dos minutos y apague el fuego.
4. Servir la polenta caliente añadiendo el seitán con guisantes caliente. Sazonar con sal y pimienta al gusto.

Recetas para la cena

26.   Zighinì

Tiempo de preparación: 15 minutos

Tiempo de cocción: 20 minutos

Porciones: 4

Ingredientes:

500 g de seitán cortado en trozos,

Una cebolla,

2 dientes de ajo,

Una cucharada de aceite de oliva virgen extra,

3 cucharadas de berberé (ver receta) o un pimiento picante,

Un vaso de agua,

La sal,

500 g de tomates pelados

Direcciones:

1. En una sartén antiadherente, rehogar una cebolla grande y dos dientes de ajo picados. Tapar la sartén y después de cinco minutos añadir una cucharada de aceite de oliva

virgen extra, tres cucharadas de berberè, un vaso de agua y sal.
2. Dejar que se reduzca lentamente y añadir los tomates pelados y, si es necesario, otro vaso de agua.
3. Continuar la cocción a fuego lento durante 15 minutos. Añadir el seitán picado y terminar la cocción hasta que el fondo se haya reducido.

Receta tradicional picante de la cocina eritrea. Un plato único que tradicionalmente se come sobre injera, el pan típico etíope, para que empape la salsa.

27. Filete de seitán marinado exótico

Tiempo de preparación: 15 minutos

Tiempo de cocción: 20 minutos

Porciones: 4

Ingredientes:

500 g de seitán

1 cebolla grande

70 g de jengibre fresco

4 chiles

10 dientes de ajo

4 cucharadas de aceite de oliva

3 pimientos de colores

1 cucharada de tomillo

½ cucharadita de nuez moscada

1 cucharadita de canela

1 cucharadita de pimienta de Jamaica

½ cucharadita de clavo de olor

4 cucharadas de zumo de lima

Direcciones:

1. Cortar la cebolla y el ajo en dados pequeños. Rallar finamente el jengibre. Mezclar las especias, dividirlas y mezclar una mitad con la cebolla, el ajo, el jengibre y el zumo de lima para hacer un adobo.
2. Cortar el seitán en filetes de igual tamaño, cubrir con la marinada y refrigerar durante al menos 2 horas, preferiblemente 8 horas.
3. Dorar los filetes marinados en aceite de oliva en una sartén hasta que estén calientes. A continuación, coloque los filetes en una bandeja para hornear.
4. Añadir los pimientos cortados en tiras y las guindillas enteras. Sazonar con la segunda mitad y cocinar en el horno a 180° C durante unos 10 - 15 minutos. Como guarnición se puede utilizar arroz o pan de pita.

28. Gyros de seitán y cebolla

Tiempo de preparación: 15 minutos

Tiempo de cocción: 20 minutos

Porciones: 4

Ingredientes:

200 g de seitán

1 cucharada de especias para gyros

30 g de aceite de canola

1 cebolla grande fresca

20 g de aceite de canola

Para la guarnición de arroz:

1 taza de arroz

2 tazas de agua

1 bol de zanahorias ralladas

2 cucharaditas de caldo de verduras

Direcciones:

1. Cortar el seitán en tiras y dejarlo en remojo en la especia gyros durante unas 4-8 horas.
2. Para la guarnición de arroz, hierve el arroz en el agua con el caldo de verduras. Cocer a fuego lento durante unos 10 minutos y añadir las zanahorias ralladas.
3. Partir la cebolla grande por la mitad y cortarla en aros. Saltear en aceite caliente. Al mismo tiempo, freír las tiras de seitán en el aceite hasta que estén crujientes. Mezclar ambos y servir con guarnición de arroz. Acompañar con una ensalada.

29. Goulash africano con garbanzos y seitán

Tiempo de preparación: 15 minutos

Tiempo de cocción: 20 minutos

Porciones: 4

Ingredientes

500 g de seitán

6 tomates

1 lata de garbanzos

4 cebollas

4 dientes de ajo

1 cucharada de pasta de tomate

3 cucharaditas de comino

1 cucharadita de pimienta de cayena

1 chile fresco

1 cucharada de aceite de oliva

Sal y pimienta

1 cucharada de Ras el-Hanout

1 manojo de perejil de hoja plana

200 g de anacardos pelados

Caldo de verduras según sea necesario.

Direcciones:
1. Pelar y cortar las cebollas en dados. Cortar el seitán en dados y freírlo con aceite de oliva en una olla alta. Cuando esté bien dorado, añadir la cebolla y rehogar. Pelar los ajos y añadirlos con un prensador de ajos. Lavar y cortar los tomates en dados.
2. Cuando las cebollas estén suficientemente doradas, desglasar con los tomates cortados en dados y añadir caldo

de verduras si es necesario. Dejar cocer a fuego lento durante al menos 3 horas, removiendo y añadiendo caldo de verduras si es necesario.
3. Mientras tanto, en una batidora, haga un puré con los anacardos hasta que estén cremosos, añada la pasta de tomate y el resto de las especias y remueva enérgicamente. Añada esta pasta de condimentos al goulash y, unos 40 minutos antes del final de la cocción, añada los garbanzos al goulash.
4. Antes de servir, sazone al gusto y adorne con perejil picado. El arroz, el puré de patatas o el pan de pita son adecuados como guarnición.

30. Chips de seitán con puré de alcachofas de Jerusalén

Tiempo de preparación: 15 minutos

Tiempo de cocción: 20 minutos

Porciones: 4

Ingredientes:

Chips de seitán

250 g de seitán a la parrilla

Migas de pan

Copos de levadura

Aceite de maíz

Ingredientes para el puré de alcachofas de Jerusalén:

250 g de alcachofa de Jerusalén (3 - 4 tubérculos)

1 pizca de pan rallado

½ cucharadita de mezcla de especias mediterráneas

1 pizca de sal

2 cucharadas de shoyu (salsa de soja)

1 cucharada de aceite de oliva

Direcciones:

1. Cortar el seitán en rodajas finas, preferiblemente con una rebanadora. En un recipiente, mezclar el pan rallado y la levadura y empanar las rodajas de seitán.
2. Calentar el aceite y freír las rodajas por ambos lados hasta que estén crujientes. Cuando estén doradas, secarlas en papel de cocina absorbente.
3. Cortar las alcachofas en dados pequeños y freírlas en una sartén con el aceite, el shoyu, una pizca de pimentón, la mezcla de especias, el shoyu y la sal.
4. Cocer a fuego lento durante unos veinte minutos con una tapa. A continuación, bata todo y añada aceite de oliva si es necesario.

Disfruta de tu comida.

31.   Hamburguesa de seitán

Tiempo de preparación: 15 minutos

Tiempo de cocción: 20 minutos

Porciones: 4

Ingredientes:

200 g de gluten

4 cucharadas de copos de levadura

3 cucharadas de salsa de soja

2 cucharadas de mostaza

2 cucharadas de pasta de tomate

1 cucharada de pimiento picante seco

1 cucharada de zumo de limón

1 cucharada de jarabe de pera

1 cucharadita de pimentón en polvo

1 cucharadita de sal

1 cucharadita de pimienta

2 chalotas

5 cucharadas de harina de arroz glutinoso (de la tienda asiática)

2 cebollas rojas

4 cucharadas de aceite de canola

4 panes de hamburguesa con sésamo

2 puñados de rúcula

4 rodajas de tomate 4 cucharadas de mayonesa vegana

Direcciones:

1. Mezclar el gluten, los copos de levadura, la salsa de soja, la mostaza, la pasta de tomate, la guindilla triturada, el zumo de limón, el sirope de pera, las especias y 175 ml de agua para hacer una masa firme y trabajarla bien. Cocer al vapor durante unos 30 minutos. Dejar enfriar ligeramente.
2. Picar en trozos gruesos y moler en una batidora hasta obtener trozos desmenuzables al gusto. Pelar y picar las chalotas y amasarlas en la mezcla de seitán con harina de

arroz glutinoso y unas 4 cucharadas de agua. Formar 4 hamburguesas.
3. Cortar las cebollas en aros y freírlas con 2 cucharadas de aceite durante unos 10 minutos hasta que estén crujientes. Al mismo tiempo, freír las hamburguesas durante unos 10 minutos hasta que estén apetecibles. Al mismo tiempo, hornear los panecillos a 150° y cortarlos por la mitad.
4. Unta la parte inferior de los panecillos con ketchup, pon encima rúcula y una rodaja de tomate. Salpimienta y apila las hamburguesas y las cebollas crujientes encima.
5. Completa con una cucharada de mayonesa vegana al gusto y colócala encima del bollo. Disfruta de tu comida!

32. Seitán con salsa de brandy de manzana

Tiempo de preparación: 50 minutos

Tiempo de cocción: 30-120 minutos

Porciones: 4

Ingredientes:

4 pechugas de seitán con sabor a pollo

2 manzanas, peladas y cortadas en rodajas

¼ de taza de brandy

1 ¾ tazas de sidra de manzana

2 cucharadas de aceite de oliva

1 cebolla pequeña picada

1 ½ cucharadas de caldo vegano con sabor a pollo

2 dientes de ajo picados

1 cucharadita de tomillo seco

⅛ cucharadita de canela

⅛ cucharadita de nuez moscada

2 cucharadas de sal y pimienta al gusto

3 cucharadas de harina

Direcciones:

1. Calentar el aceite de oliva en la posición de saltear y cocinar la cebolla durante 5 minutos. Añade el ajo y cocina un minuto más.
2. Añadir el resto de los ingredientes, excepto la harina. Cierre la tapa y cocine a fuego alto durante 4 minutos. Deja que la presión se libere de forma natural, luego retira la tapa y cambia a la posición de salteado.
3. Sacar el seitán y cubrirlo con papel de aluminio para mantenerlo caliente. Batir 2 ó 3 cucharadas de harina para espesar la salsa y cocer a fuego lento durante 30 minutos.
4. Añade el seitán para recalentarlo en la salsa durante unos minutos justo antes de estar listo para servir. Servir con una patata al horno.

33. Seitán con aceitunas de Kalamata

Tiempo de preparación: 15 minutos

Tiempo de cocción: 30-120 minutos

Porciones: 4

Ingredientes:

6 pechugas de seitán con sabor a pollo

1 taza de aceitunas de Kalamata sin hueso y en rodajas

1 tallo de apio picado

10 onzas de tomates uva, cortados por la mitad

1 taza de vino tinto

1 cucharada de pasta de tomate

½ taza de agua

½ cucharadita de semillas de hinojo, trituradas

¼ cucharadita de tomillo molido

2 dientes de ajo picados

½ cucharadita de pimienta fresca molida

Direcciones:

1. Rocía la olla instantánea con spray antiadherente. Combina todos los ingredientes.

2. Cerrar la tapa y cocinar a fuego alto durante 4 minutos, luego dejar que la presión se libere naturalmente. Servir con una ensalada de hojas verdes.

34. Estofado de seitán con cebada

Tiempo de preparación: 10 minutos

Tiempo de cocción: 20 minutos

Raciones: 2

Ingredientes:

1 cucharadita de aceite de coco

½ cebolla picada

1 chirivía cortada en medios círculos finos

1 tallo de puerro cortado en dados

1 cucharadita de ajo picado

1 cucharadita de albahaca seca

½ cucharadita de perejil seco

1 ½ cucharadas de pasta de tomate

2 tazas de caldo de verduras

1 taza de seitán

1 taza de cebada seca

½ cucharadita de sal

½ cucharadita de pimienta molida

Direcciones:

1. Ponga la olla instantánea en el modo de saltear. Calienta el aceite de coco y añade la cebolla, la chirivía y el puerro. Saltea las verduras, removiendo de vez en cuando, hasta que empiecen a ablandarse, de 3 a 4 minutos.
2. Añadir el ajo, la albahaca, el perejil y la pasta de tomate. Cocine, revolviendo constantemente, durante 1 minuto.
3. Vierte el caldo de verduras y remueve para combinar. Añade el seitán, la cebada y sal y pimienta a la olla instantánea.
4. Pon la tapa en la olla instantánea, cierra la salida de vapor y ponla a alta presión con el ajuste manual. Ajusta el tiempo a 20 minutos.
5. Una vez que haya transcurrido el tiempo, utilice la cocción natural durante 10 minutos y, a continuación, suéltela rápidamente. Sirva la sopa con sal y pimienta al gusto.

35. Bolas de pimiento de seitán

Tiempo de preparación: 15-30 minutos

Tiempo de cocción: 25 minutos

Porciones: 4

Ingredientes:

1 cucharada de semillas de lino en polvo + 3 cucharadas de agua

1 libra de seitán, desmenuzado

¼ de taza de pimientos mixtos picados

Sal y pimienta negra al gusto

1 cucharada de harina de almendra

1 cucharadita de ajo en polvo

1 cucharadita de cebolla en polvo

1 cucharadita de mayonesa de tofu

2 cucharadas de aceite de oliva para pincelar

Direcciones:

1. Precalentar el horno a 400 F y forrar una bandeja para hornear con papel pergamino.

2. En un bol mediano, mezclar el polvo de semillas de lino con el agua y dejar que se espese durante 5 minutos.
3. Añadir el seitán, los pimientos, la sal, la pimienta negra, la harina de almendras, el ajo en polvo, la cebolla en polvo y la mayonesa de tofu. Mezclar bien y formar bolas de una pulgada con la mezcla.
4. Colóquelas en la bandeja de hornear, pincélelas con aceite en aerosol y métalas en el horno de 15 a 20 minutos o hasta que estén doradas y compactadas. Retirar del horno y servir.

Recetas para ocasiones especiales

36. Seitán con salsa de manzana verde

Tiempo de preparación: 10 minutos

Tiempo de cocción: 30 minutos

Porciones: 4

Ingredientes:

2 Granny Smith apples, coarsely chopped

½ cup finely chopped red cebolla

½ jalapeño chile, seeded y minced

1½ teaspoons grated fresh ginger

3 tablespoons fresh lime jugo

2 teaspoons agave néctar

Sal y freshly ground black pepper

2 cucharadas de olive oil

1 pound seitán, homemade (see Basic Simmered Seitan) o store-bought, cortado into 1/2-inch slices

Direcciones:

1. En un bol medium, combine the manzanas, cebolla, chile, ginger, juice de lima, agave néctar, and salt and pimienta a taste. Set a un lado.
2. Calentar el aceite en una sartén a fuego medio. Añade el seitán y cocina hasta que esté cocido por ambos lados, dándole la vuelta, unos 4 minutos por día. Sazonar con sal y aceite para que no se pegue.
3. Añadir the apple juice and cook for a minute hasta que se reduce. Servir inmediatamente con el condimento.

37. Seitan y salteado de brócoli y shiitake

Tiempo de preparación: 10 minutos

Tiempo de cocción: 30 minutos

Porciones: 4

Ingredientes:

2 tablespoons de canola or grapeseed oil

8 ounces seitán, homemade (see Basic Simmered Seitán) o store-bought, cut into 1/4-inch rebanadas

3 garlic cloves, minced

2 teaspoons grated fresh ginger

3 cebollas green, picadas

1 manojo mediano de brócoli, cortado en ramilletes de 1 inch

3 cucharadas de soy sauce

2 cucharadas de jerez dry

1 teaspoon toasted sesame aceite

1 tablespoon toasted sésamo seeds

Direcciones:

1. En un large skillet, calentar 1 cucharada de la oil over fuego medio-alto. Añadir el seitan and cook, stirring occasionally until lightly browned, about 3 minutos. Transfer the seitán to un bol and set aside.
2. En el same skillet, heat the 1 tablespoon of oil sobre medium-high heat. Añade el mushrooms y cocina, removiendo frecuentemente, hasta que esté bien cocido, about 3 minutes. Stir in the ajo, jengibre, and cebolla verde and cook 30 seconds más. Añadir el mixture de setas a the seitán cocido and set a un lado.
3. Añadir the brócoli and water to the mismo skillet. Cover y cocinar hasta que el broccoli begins a su vez bright green, alrededor de 3 minutes. Destape y cocine, revolviendo frequently, until la liquid evaporates and the broccoli is crujiente-tender, about 3 minutes longer.
4. Return the seitán y setas mixture to the skillet. Añadir el soy sauce y sherry y stir-fry until the seitan and verduras are hot, about 3 minutes. Sprinkle with la sesame oil and sésamo seds and servir immediately.

38. Seitan Brochetas con Peaches y Herbs

Tiempo de preparación: 10 minutos

Tiempo de cocción: 30 minutos

Porciones: 4

Ingredientes:

⅓ taza de vinegar balsámico

3 tablespoons dry red vino

3 tablespoons marrón claro sugar

¼ cup picada fresh albahaca

¼ cup picado fresh marjoram

2 cucharadas de minced garlic

3 tablespoons olive aceite

1 pound seitan, homemade (see Basic Simmered Seitan) o store-bought, cut en trozos de 1-inch

4 chalotas, cortadas a lo largo y cortadas en rodajas

Salt and freshly ground black pepper

2 ripe peaches, sin hueso y cortados into 1-inch chunks

Direcciones:

1. Combine el vinegar, wine, y sugar in un pequeño saucepan and bring a un boil. Reduce heat a medium and simmer, stirring, until reducido by la mitad, unos 15 minutes. Remove from la heat.
2. En un bowl large, combine el basil, marjoram, ajo, and olive oil. Añade el seitan, las chalotas y los melocotones, y toss para cubrirlos. Season with sal y pepper a taste.
3. Preheat la parrilla. * Thread the seitan, shallots, and melocotones onto the skewers y brush con the balsámico mixture.
4. Poner el brochettes en el grill y cocinar hasta que el seitán y peaches estén grillados, unos 3 minutos por cada lado. Cepille with the remaining balsamic mixture and serve immediately.

* Instead de asar, you puede poner estos brochettes bajo el broiler. Broil 4 a 5 inches del calor until caliente and ligeramente browned around the edges, unos 10 minutes, turning una vez halfay through.

39. Brochetas de Seitan y Vegetable a la parrilla

Tiempo de preparación: 10 minutos

Tiempo de cocción: 30 minutos

Porciones: 4

Ingredientes:

⅓ taza de balsamic vinagre

2 tablespoons olive aceite

1 tablespoon de orégano picado fresh or 1 teaspoon dried

2 garlic cloves, minced

½ cucharadita de sal

¼ teaspoon freshly ground black pepper

1 pound seitán, casero (see Basic Simmered Seitan) o store-bought, cortado into en cubos de 1 pulgada

8 ounces pequeñas white mushrooms, lightly rinsed and patted dry

2 small zucchini, cortados into 1-inch trozos

1 medium yellow bell pepper, cut into 1-inch squares

12 cherry tomatoes maduros

Direcciones:

1. En un tazón medium, combinar the vinegar, oil, oregano, thyme, ajo, sal, and negro pepper.
2. Añadir el seitán, mushrooms, zucchini, pimiento, and tomatoes, girando para cubrir. Marinate at temperatura ambiente for 30 minutes, girando occasionally. Drain el seitan and vegetables, reservando el adobo.
3. Preheat the grill. * Thread the seitan, mushrooms, and tomatoes onto skewers.
4. Colocar las brochetas en la rejilla caliente y cocer, girando las brochetas a la mitad de la rejilla, aproximadamente 10 cucharadas. Drizzle with un pequeño amount de la marinada reserved and serve immediately.

* Instead de asar, usted can put these skewers under the broiler. Asar 4 to 5 inches de the heat until hot y lightly browned alrededor de the edges, unos 10 minutes, girando una vez halfay a través de broiling.

40. Hamburguesas TVP Teriyaki

Tiempo de preparación: 10 minutos

Tiempo de cocción: 30 minutos

Porciones: 4

Ingredientes:

1 taza de proteína vegetal texturizada

½ taza de pan rallado panko

½ cucharadita de sal

¼ de cucharadita de pimienta negra molida

¼ cucharadita de ajo en polvo

¼ cucharadita de cebolla en polvo

1 cucharada de ketchup

¾ de taza de agua caliente

¼ de taza de salsa teriyaki

¼ de taza de harina común

2 cucharadas de aceite de oliva

4 rodajas de piña fresca

Direcciones:

1. En un bol grande, combine la TVP, el pan rallado, la sal, la pimienta, el ajo en polvo, la cebolla en polvo, el ketchup y el agua. Deje reposar durante 5 minutos.
2. Mezclar con la harina y formar 4 trozos del mismo tamaño.
3. Caliente el aceite en una sartén grande, cocine las hamburguesas hasta que se doren por ambos lados. Cubrir las hamburguesas con rodajas de piña.

41. Hamburguesas de cebolla francesa con TVP

Tiempo de preparación: 10 minutos

Tiempo de cocción: 30 minutos

Porciones: 4

Ingredientes:

1 taza de proteína vegetal texturizada

½ taza de pan rallado panko

4 cucharaditas de condimento italiano

2 cucharadas de vinagre balsámico

¾ de taza de agua caliente

¼ de taza de harina común

4 cucharadas de aceite de oliva, divididas

1 cebolla pequeña, cortada en rodajas

4 rebanadas de queso provolone vegano

Direcciones:

1. En un bol grande, combine la TVP, el pan rallado, el condimento, el vinagre balsámico y el agua. Deje reposar durante 5 minutos.
2. Mezclar con la harina y formar 4 hamburguesas del mismo tamaño.
3. Caliente 2 cucharadas de aceite de oliva en una sartén grande, añada las hamburguesas y cocínelas hasta que se doren por ambos lados.
4. En otra sartén, añada 2 cucharadas de aceite de oliva y cocine las cebollas a fuego medio-bajo hasta que se caramelicen, unos 15-20 minutos.
5. Cubrir las hamburguesas con 1 rebanada de queso vegano y la mezcla de cebolla.

42. Hamburguesas vegetarianas de judías negras

Tiempo de preparación: 10 minutos

Tiempo de cocción: 30 minutos

Porciones: 4

Ingredientes:

2 latas (15 onzas) de frijoles negros, escurridos

1 lata (15 onzas) de maíz, escurrida

½ taza de avena antigua

½ cebolla grande, finamente picada

2 cucharadas de semillas de lino molidas

2 cucharadas de agua

1 diente de ajo picado

½ cucharadita de sal

¼ de cucharadita de pimienta negra molida

½ cucharadita de chile en polvo

Direcciones:

1. En un bol grande, coloque todos los ingredientes. Triturar todo con un machacador de patatas hasta que esté completamente combinado.
2. Con las manos, forme la mezcla en 8 hamburguesas del mismo tamaño. Colocar en un plato y reservar.
3. Asar en una parrilla exterior o interior o cocinar en 2 cucharadas de aceite de oliva a fuego medio.

43. Hamburguesas de frijoles negros de taco

Tiempo de preparación: 10 minutos

Tiempo de cocción: 30 minutos

Porciones: 4

Ingredientes:

2 latas (15oz.) de frijoles negros, escurridos

½ taza de pan rallado panko

½ cebolla grande, finamente picada

1 jalapeño pequeño, finamente picado

2 cucharadas de linaza molida

2 cucharadas de agua

2 cucharaditas de condimento para tacos

Direcciones:
1. En un bol grande, coloque todos los ingredientes. Triturar todo junto con un machacador de patatas hasta que se combinen.
2. Ingredientes para el guacamole:

- 1 aguacate pelado
- ½ tomate, cortado en dados
- 1 cucharadita de zumo de lima 2. Formar la mezcla en hamburguesas, calentar 2 cucharadas de aceite de oliva en una sartén grande, cocinar las hamburguesas hasta que se doren por ambos lados.

3. Para el guacamole, tritura el aguacate, el tomate y el zumo de lima. Unta el guacamole en los panes de hamburguesa con las hamburguesas.

44. Hamburguesas de espinacas y garbanzos

Tiempo de preparación: 10 minutos

Tiempo de cocción: 30 minutos

Porciones: 4

Ingredientes:

10 onzas de espinacas frescas

2 latas de garbanzos escurridos

2 cucharadas de linaza molida

2 cucharadas de agua

2 cucharaditas de condimento griego

½ taza de harina de garbanzos

Direcciones:

1. Cocinar las espinacas en una sartén grande a fuego medio con 2 cucharadas de aceite de oliva hasta que se marchiten.
2. En un tazón grande, con un machacador de papas, aplaste todos los ingredientes junto con las espinacas hasta que se combinen.
3. Formar la mezcla en 6 hamburguesas del mismo tamaño. Caliente 2 cucharadas de aceite de oliva en una sartén grande, añada las hamburguesas y cocínelas hasta que se doren por ambos lados.

45. Hamburguesas de garbanzos y arroz integral

Tiempo de preparación: 10 minutos

Tiempo de cocción: 30 minutos

Porciones: 4

Ingredientes:

1 taza de arroz integral cocido

1 lata (15 onzas) de garbanzos, escurridos

½ cucharadita de sal

¼ de cucharadita de pimienta negra molida

½ cucharadita de cebolla en polvo

½ cucharadita de ajo en polvo

¼ de taza de harina de garbanzos

Direcciones:

1. En un tazón grande, mezcle todos los ingredientes.
2. Formar la mezcla en 4 hamburguesas del mismo tamaño.
3. Caliente 2 cucharadas de aceite de oliva en una sartén grande, cocine las hamburguesas hasta que se doren por ambos lados.

Recetas de acompañamiento

46. Pilaf de espinacas y champiñones con cúrcuma y quinoa

Tiempo de preparación: 10 minutos

Tiempo de cocción: 40 minutos

Porciones: 3

Ingredientes:

<u>**Para el pilaf:**</u>

1 taza de quinoa

3 tazas de caldo de verduras

150 g de hojas de espinacas congeladas, descongeladas

100 g de champiñones

1 cebolla

100 g de setas shitake

2 cucharaditas de cúrcuma

150 g de seitán sazonado en trozos

50 g de láminas de almendra

450 ml de caldo de verduras

100 ml de crema de avena sal de hierbas aceite de sésamo zumo de limón

Direcciones:

1. Lavar la quinoa en un colador y cocerla en caldo de verduras a fuego lento durante 20 minutos, reservar.
2. Secar el seitán y freírlo en aceite. Picar las cebollas y saltearlas enérgicamente con el seitán.
3. Cortar las setas shitake por la mitad, cortarlas en rodajas y saltearlas brevemente con el seitán.
4. Añade las espinacas congeladas con cúrcuma al seitán y cocina a fuego lento con el caldo durante unos 10 minutos.
5. Sazonar con sal de hierbas y zumo de limón y servir caliente con la quinoa.

47. Envolturas de seitán

Tiempo de preparación: 10 minutos

Tiempo de cocción: 40 minutos

Porciones: 3

Ingredientes:

Pilaw 3 tortillas de trigo

1 calabacín

1 pimiento (rojo)

2 dientes de ajo

200 g de seitán un poco de mostaza

1 tomate un poco de rúcula o espinacas baby (¡ambas deliciosas!)
Opcional: unas aceitunas 1 cebolla un poco de azúcar de caña

200 g de garbanzos (precocidos o de bote)

Opcional:

Un poco de chile rojo

2 cucharadas de aceite de oliva

2 cucharadas de comino

2 cucharadas de pimienta negra

2 cucharadas de sal

Direcciones:

1. Cortar el calabacín en rodajas finas de sal, mezclar y escurrir en un colador durante al menos media hora. Quitar la humedad restante con papel de cocina.
2. Precalentar el horno a 250°C con el grill.
3. Cortar los pimientos en cuartos y quitarles las semillas, cortar un diente de ajo en dados, mezclar con aceite de oliva y colocar en papel de hornear en el horno. Cuando la piel de los pimientos se ampolle o se dore lo suficiente, sacar los pimientos del horno y reservarlos.
4. Mientras tanto, cortar el seitán en tiras y freírlo en aceite hasta que esté crujiente, salpimentar enérgicamente y añadir un poco de mostaza al final.
5. Saltear los aros de cebolla en la segunda sartén hasta que estén ligeramente translúcidos. Espolvorear el azúcar de caña y caramelizar ligeramente.
6. Lavar y secar la rúcula/espinacas. Cortar las aceitunas y los tomates en rodajas.
7. Haga un puré de garbanzos con el segundo diente de ajo, un poco de aceite de oliva, chile, pimienta, comino y una pizca de sal hasta que esté cremoso.
8. Unta la crema de garbanzos en los wraps, añade los demás ingredientes y enrolla. Disfruta de tu comida!

Salsas y glaseados

48. Nuggets de seitán con salsa de chile dulce

Tiempo de preparación: 10 minutos

Tiempo de cocción: 40 minutos

Porciones: 4

Ingredientes:

500 g de seitán

200 ml de agua

1 cucharada de azúcar de flor de coco

300 g de azúcar de caña

200 ml de agua

2 chiles rojos

1 chile amarillo

3 dientes de ajo

1 cebolla pequeña

1000 ml de aceite de coco

100 ml de zumo de lima

1 taza de harina

1 cucharada de almidón de maíz

1 cucharada de copos de maíz

1 cucharada de chile en polvo

1 pizca de pimienta negra

1 pizca de sal marina

1 cucharada de pimentón en polvo

Direcciones:

1. Cortar el seitán en trozos para los nuggets (aprox. 3x 5 cm), salar y salpimentar generosamente.
2. Desmenuza los copos de maíz en un bol y resérvalos.
3. Mezclar una parte de harina, una parte de almidón y añadir poco a poco agua hasta obtener una masa espesa. Sazona esto fuertemente con chile en polvo, pimentón, pimienta, sal marina, un poco de jugo de limón y una cucharada de azúcar de flor de coco.

<u>Para la salsa:</u>

4. Picar los dientes de ajo y la cebolla. Saltea las rodajas finas de los chiles, junto con el ajo y la cebolla en una sartén con un poco de aceite de coco hasta que se doren ligeramente.
5. Ahora añada el azúcar de flor de coco y deje que se caramelice brevemente. Desglasee con agua y zumo de lima.
6. Dejar que el líquido se evapore hasta que se forme una masa cremosa. Sazonar al gusto con sal marina y pimienta. Enfriar en una fuente de servir.
7. Calentar el aceite de coco a unos 180 °C para freír. Pasar los trozos de seitán por la masa, luego pasarlos por los

copos de maíz y freírlos hasta que hayan alcanzado el grado de dorado deseado. Servir caliente con salsa de chile.

49. Seitán con salsa de tomatillo

Tiempo de preparación: 15 minutos

Tiempo de cocción: 30-120 minutos

Porciones: 10

Ingredientes:

4 tazas de seitán con sabor a pollo cortado en cubos

1 ⅔ libras de tomatillos, desgranados y picados

1 lata de chiles verdes

3 dientes de ajo picados

¼ de taza de vinagre de sidra de manzana

1 cucharadita de sal

2 cucharaditas de chile en polvo

½ cucharadita de comino

¼ cucharadita de cilantro

1 cucharadita de aceite de oliva

¼ de taza de agua

Zumo de 1 lima

Direcciones:

1. Añada todo, excepto el seitán, a un procesador de alimentos y mezcle para hacer la salsa.
2. Añade la salsa y el seitán a la olla instantánea. Cierra la tapa y cocina a fuego alto durante 4 minutos, luego deja que la presión se libere naturalmente.
3. Servir en tortillas calientes o sobre una cama de arroz.

Conclusión:

Enhorabuena por haber llegado hasta aquí. El gluten vital de trigo es una harina hecha sólo con el gluten del grano de trigo, con el almidón, la cáscara, el germen y el salvado lavados, luego secados y molidos en harina. Esta es la parte espesa del trigo y es la que mantiene unido el pan.

La masa de gluten es gluten de trigo vital mezclado con líquido para formar una masa que es muy elástica y un poco extraña de trabajar hasta que te acostumbras a ella. Tiene una mente propia y no es tan fácil de amasar o formar como la masa de pan normal. No te preocupes, se resistirá y tendrá hendiduras y costuras y no tendrá un aspecto precisamente liso y bonito, pero con el tiempo se iguala.

Lightning Source UK Ltd.
Milton Keynes UK
UKHW020751110621
385337UK00009B/773